Joseph VIPLE

ÉBREUIL

L'Église abbatiale de Saint-Léger

IMPRIMEUR-ÉDITEUR
CRÉPIN-LEBLOND
MOULINS

ÉBREUIL

L'ÉGLISE ABBATIALE DE SAINT-LÉGER

Joseph VIPLE

ÉBREUIL

L'Église abbatiale de Saint-Léger

MOULINS
CRÉPIN-LEBLOND, IMPRIMEUR-ÉDITEUR

1939

ÉBREUIL

Les Origines d'Ebreuil

La fertile vallée d'Ebreuil a dû être habitée dès l'époque la plus ancienne. Par une lettre de Sidoine Apollinaire, écrite vers 474, nous savons qu'il existait en ce lieu une villa, *prædium Eborolacense*. Dans les diplômes carlovingiens du IXe siècle, Ebreuil, *Evrogilum*, figure parmi les domaines des rois d'Aquitaine, et Louis le Débonnaire, sous le règne de son père Charlemagne, en fit une de ses résidences d'hiver.

L'Abbaye de Saint-Léger

A la suite d'une des terribles invasions des Normands dans le Poitou, à la fin du IXe siècle, les moines bénédictins de Saint-Maixent abandonnèrent leur monastère et, après s'être réfugiés quelque temps en Bretagne, vinrent en Auvergne, à Ebreuil, où le roi leur donna asile.

La venue des moines de Saint-Maixent peut être placée dans les premières années du xe siècle.

Les troubles ayant cessé par le traité de 912 entre Charles le Simple et les Normands, la plupart des moines retournèrent en Poitou. Ceux qui se fixèrent à Ebreuil, construisirent un monastère et une église dédiés à saint Léger.

Le corps de l'ancien évêque d'Autun, Leodgarius, mis à mort en 678 dans une forêt de l'Artois, reposait depuis deux siècles au monastère de Saint-Maixent. Il resta dans le nouveau monastère, où il fut l'objet d'une grande vénération. Cet établissement, doté par Lothaire de la terre d'Ebreuil, vers 971, devint rapidement opulent et puissant. Deux bulles, l'une de 1080, l'autre de 1115, lui conférèrent le titre d'abbaye. L'abbaye de Saint-Léger ne fut jamais soumise à aucune congrégation et conserva son indépendance.

Au xviiie siècle, elle était tombée dans une profonde décadence ; une ordonnance royale de juillet 1765 supprima la mense conventuelle pour en doter un hôpital qui fut confié aux frères de la Charité de Saint-Jean-de-Dieu.

La mense abbatiale subsista jusqu'à la Révolution. Les biens qui la composaient furent nationalisés et vendus.

L'Eglise. Histoire de la construction

L'église abbatiale de Saint-Léger d'Ebreuil est considérée comme l'un des édifices les plus remarquables de la Basse-Auvergne.

La nef, conçue sans voûte, paraît dater du xe siècle. Les pilliers carrés sont massifs et dépouillés d'ornements. Le bas-côté nord a conservé son caractère primitif. L'arc est en plein cintre. Le porche semble remonter à la même époque. Le transept est un peu postérieur à la nef.

Au début du xiie siècle, on a élevé devant la façade occidentale, au-dessus du porche, une tour carrée.

Le chœur à déambulatoire est attribué généralement au xiiie siècle. Cependant, certain texte permettrait de le dater en réalité du début du xvie siècle. Il aurait été édifié par l'abbé François de Tournon vers 1510. On sent, du reste, une influence très nette du style ogival.

L'église Saint-Léger était dans l'enceinte du monastère. La galerie septentrionale du cloître, adossée au bas-côté sud, le longeait dans toute sa longueur. Les galeries orientale et occidentale y aboutissaient par des marches.

Cette église était originairement celle de la paroisse et les fonts baptismaux y furent maintenus jusqu'en 1770. Ils étaient placés, au XVIIIe siècle, dans le bas-côté nord, à gauche en entrant. Toutefois le service paroissial était assuré dans une chapelle, appelée Notre-Dame, par un vicaire délégué à cet effet.

Primitivement, les abbés devaient être inhumés dans le cloître. C'est ainsi qu'en 1772, lorsqu'on construisit le mur actuel du bas-côté sud de l'église, on découvrit le tombeau de Gerbertus, abbé vers 1064. « Il était proche l'ancienne porte, qui allait du cloître à l'église, dit le procès-verbal, absolument adossé au gros mur du collatéral, entre deux piliers battants, qui excédaient dans le cloître d'un pied. » A quelques mètres de ce tombeau, « dans l'aile de l'ancien cloître, du côté du levant », on avait découvert en 1767 celui de Wilhelmus, neveu et successeur de Gerbertus. Mais, dans la suite, on dut inhumer les abbés dans l'église abbatiale, très probablement sous le chœur. Le dernier abbé décédé à Ebreuil, Jean Baptiste Massillon, fut inhumé le 6 décembre 1743 « dans l'église abbatiale ».

Certaines familles notables de la paroisse et

peut-être même les religieux y recevaient également la sépulture.

En 1765, les religieux de la Charité de Saint-Jean-de-Dieu firent abattre les vieux bâtiments du monastère, pour élever à la place l'hôpital actuel. L'église de Saint-Léger devint l'église de la Charité. C'est alors qu'elle subit des mutilations regrettables. On infligea au bas-côté sud une réparation qui n'est nullement dans le style roman. On lui a donné trop d'ampleur, et l'on a élargi, exhaussé les fenêtres outre mesure.

Le bras sud du transept fut supprimé, et, sur l'emplacement de la chapelle et de la sacristie, on construisit une salle de l'hôpital (actuellement salle des hommes) communiquant avec l'église. La sacristie fut édifiée à l'est de l'abside, entre l'ancien bras du transept et la première chapelle absidiale.

Un caveau destiné à la sépulture des religieux de la Charité fut creusé dans la chapelle du bras nord du transept, et l'absidiole qui recevait l'autel disparut.

Enfin un escalier fut construit dans l'extrémité est du bas-côté nord et une porte fut percée dans la tribune pour permettre d'y accéder de l'intérieur de l'église, alors qu'on supprimait toute communication avec les anciens bâtiments claustraux.

Considérant l'église comme une chapelle particulière de leur établissement, les Charitains en firent extraire les fonts baptismaux qui furent transportés dans l'église Notre-Dame. Le 26 avril 1792, la population les rapporta de sa propre autorité dans l'église Saint-Léger qu'elle affecta au service paroissial.

Un clocher octogonal surmontait le transept. Le 23 prairial an II, en exécution d'un arrêté du représentant du peuple, fut donnée l'adjudication de sa démolition. L'entrepreneur était tenu de réparer ensuite la voûte « dans le même goût qu'elle était avant d'être percée ».

En thermidor an II, la commune jouissait de l'église qu'elle employait à divers usages. Le chœur servait de temple pour le culte de l'Etre Suprême ; la maison commune était installée dans la sacristie ; il y avait aussi une salle pour les écoles. Le 19 fructidor an II, la Société populaire fut autorisée à tenir ses séances dans le chœur ; il fut, en outre, décidé qu'une maison de correction pour les peines de police infligées par la municipalité serait organisée dans la chapelle de Saint-Martin, qui serait séparée du reste de l'église par un mur.

L'église fut rendue au culte partiellement en ventôse an III, et définitivement en 1801 à la suite du Concordat.

Diverses restaurations ont été effectuées au cours du XIXe siècle, sur les plans de Viollet le Duc et sous la direction de MM. Millet, puis Darcy, architectes de l'administration des Beaux-Arts. La dernière date de 1892.

L'édifice entier est classé comme monument historique depuis 1836.

Extérieur

Primitivement, la façade occidentale n'était pas masquée par la tour. Il n'y avait que le porche sous lequel s'ouvrait le portail. La façade était percée d'une fenêtre que l'on distingue encore de l'intérieur de la tribune ; et elle est surmontée d'une croix fort curieuse comme dessin, que l'on n'aperçoit que très difficilement.

La porte possède de superbes ferrures du XIIe siècle (M. H.). Les poignées ou porte-anneaux sont en bronze et représentent deux espèces de têtes très bizarres de lynx. Autour de l'une, on distingue dans des médaillons un danseur, un joueur de harpe, un varlet, deux cavaliers armés et certains emblèmes. Autour de l'un des cavaliers, on lit très distinctement « Hugo dux ». Autour de l'autre on aperçoit également une inscription, mais indéchiffrable. Sur l'autre poignée est inscrite la légende : *Adest porta per quam iusti redeunt ad patriam.* (Voici la porte par laquelle les justes reviennent à la patrie.)

Une petite porte a été percée au XIXe siècle à l'extrémité occidentale du bas-côté nord pour permettre aux fidèles de pénétrer plus facilement dans l'église.

Une Vierge avec l'enfant, en pierre, du XVe siècle (M. H.) est adossée à l'angle septentrional du clocher. Elle était autrefois sous le porche, placée entre deux personnages vénérés dans le monastère, saint Maur et saint Benoît.

Intérieur

Le monument a 130 pieds (43 mètres) de long sur 40 (13 mètres) de large dans les nefs. Le pourtour du sanctuaire comporte juste 100 pieds (33 mètres).

La nef compte six travées ; les arcades reposent sur des piles rectangulaires. La première travée est occupée par une tribune.

La charpente apparente ne paraît avoir conservé aucune pièce ancienne.

Le chœur et l'abside présentent un mélange heureux de style roman et de style ogival.

L'abside est entourée de cinq chapelles. Celle du milieu est placée dans l'axe du maître-autel, tout à fait au chevet de l'église. Les deux chapelles

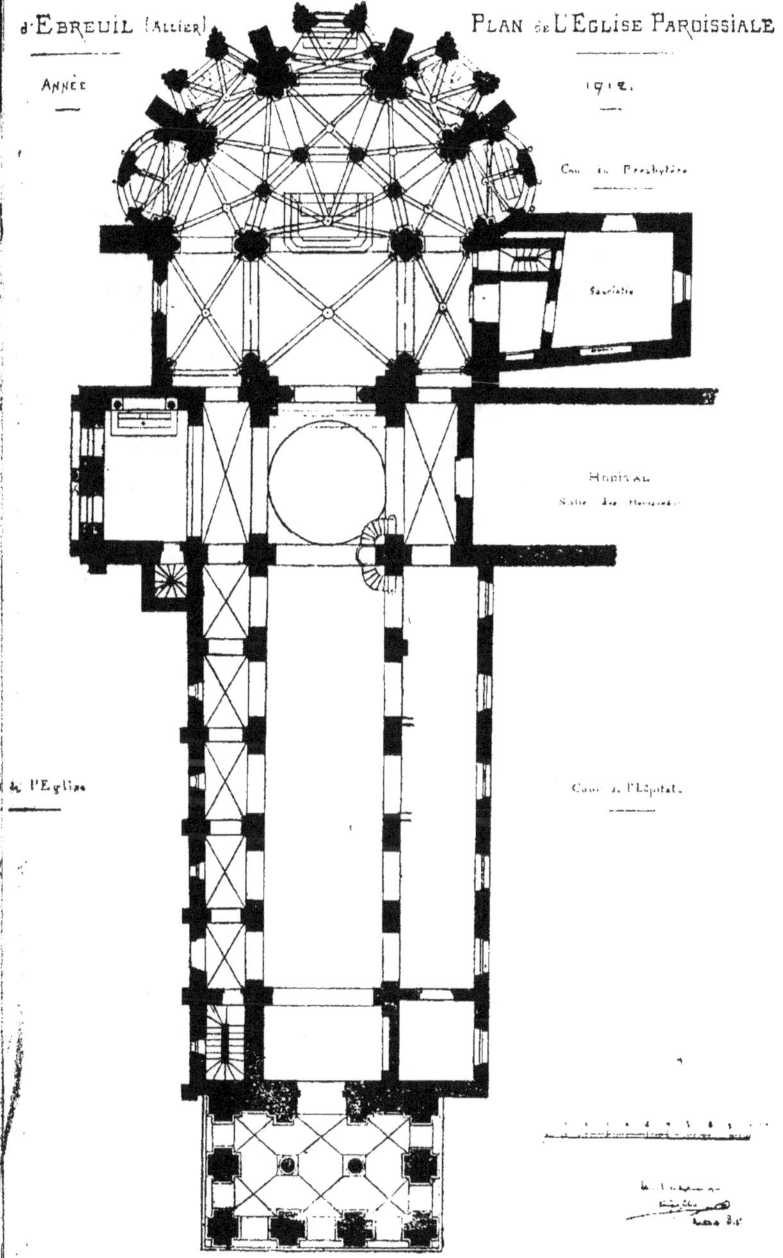

Nous devons ce plan au concours éclairé et dévoué de notre ancien confrère de la Société d'émulation du Bourbonnais, M. Alexis Lévêque, architecte à Ebreuil. Il a apporté à le dresser un soin scrupuleux joint à un incontestable talent.

(Cliché de la collection de la Société d'Emulation)

des extrémités sont en plan circulaire ; les trois autres sont à trois pans.

Les arcades des bas-côtés sont en ogive, tandis que les fenêtres des chapelles sont en plein cintre. Des faisceaux de colonnettes composent les piliers aux chapiteaux desquels s'épanouissent des fleurs et des feuilles variées.

Les chapelles sont actuellement consacrées, en partant du côté de l'Epître : à saint Eutrope, au Sacré-Cœur, à Notre-Dame de Pitié, à Notre-Dame du Rosaire, à saint Blaise.

Saint Blaise était autrefois le patron de la paroisse ; il a été remplacé depuis le début du XIXe siècle par saint Eutrope.

Peintures murales

Primitivement, à l'intérieur tous les murs devaient être couverts de peintures. Il n'en reste plus que quelques fragments.

Les plus anciennes décorent la tribune. M. Bréhier les date de la première partie du XIIe siècle (1130-1140). Elles sont certainement postérieures à la construction de la tour et à l'ouverture de la porte qui y donne accès.

Sur la paroi méridionale sont représentés plusieurs personnages debout : saint Austremoine, apôtre de l'Auvergne et premier évêque de Clermont ; saint Clément, pape, deuxième successeur de saint Pierre ; le martyre de saint Pancrace, à genou devant le bourreau qui lève son épée ; enfin un quatrième saint évêque, dont le nom est illisible (1).

Sur la paroi de l'ouest, se développent des scènes de la légende de sainte Valérie, vierge martyre : deux personnages, parmi lesquels saint Martial, l'apôtre de Limoges, qui convertit Valérie à la foi chrétienne ; le martyre de la sainte : le proconsul romain tend une épée au bourreau ; sainte Valérie porte sa tête entre ses mains et la présente à saint Martial.

Sur la paroi du nord figurent les trois grands archanges : saint Michel terrassant le dragon ; saint Gabriel dans l'Annonciation ; saint Raphaël rendant la vue à Tobie.

La partie inférieure de ces fresques est garnie de draperies ; au-dessus s'étend une large frise, sur laquelle on voit : au sud, des rinceaux et des animaux sur fond rouge ; à l'ouest et au nord, une scène de chasse se détachant sur un fond sombre.

Sur la face est du troisième pilier sud de la

(1) Nous devons la description de ces peintures ainsi que celle des verrières à M. le chanoine Gavelle, curé-doyen de la paroisse.

nef, est reproduite, en caractères gothiques, la charte par laquelle Jehannot Bessolle fit en 1481 divers dons à l'abbaye.

En voici le texte complet :

« Sachent toust que Jehannot Bessolle, escuyer, seigneur de céans, pour le remède de son âme, de ses prédécesseurs, successeurs et bénéfacteurs, a donné aux religieux du couvent du Moustier d'Ebreuille xxx et v sestiers de froment, mesure de Charroux et II gélines de rante à tousiours perpétuellement baillées réellement et pour lesquelles choses les dits abbés et couvent doivent et seront tenus de célébrer une messe à la dévocion et à la volonté du célébrant chacune semaine durant la vie du dit Bessolle et ce, pour les pictances généraux à lui baillés et octroyés par feu Révérand Père en Dieu Rogier jadis abbé du dit lieu d'Ebreuille et pour le couvent d'icelui, lesquels pictances généraux, le dit Jehannot Bessolle, pour le remède de son âme et de ses dits prédécesseurs, successeurs et bénéfacteurs a donné, remis et délaissé au Révérend Père en Dieu maître Pierre Chalus, abbé du dit Moustier et à.., d'icelui trespassé.

« Le dit Jehannot Bessolle, les dits abbés et couvent et leurs successeurs perpétuellement seront tenus de célébrer perpétuellement chacune semaine à l'autel de cette chapelle nouvellement édifiée ici par le dit Jehannot Bessolle, à savoir III messes de morts et faire absolution sur la tombe du dit Bessolle avec l'eau bénite, en disant *de profondis* avec les respons, versets et oraisons.

« Et sont tenus les dits abbés et couvent de bailler un cierge pour finir les dites messes à leurs dépens et avec ce, seront tenus les dits abbés et couvent de sevelir le corps du dit Bessolle honorablement et convenablement et bailler la lumière de la sépulture, c'est à savoir : quatre cierges, deux torches de cire et des chandelles suffisament à célébrer les messes : trois messes chantées à haulte voix, l'une du Saint Esprit, l'aultre de Notre-Dame et l'aultre des morts.

« Item, seront tenus de célébrer chaque jour des quarante jours après le décès du dit Jehannot, une messe des morts, en priant Dieu pour l'âme du dit Jehannot et de ses bénéfacteurs. Item, seront tenus de faire anniversaire chaque an le jour de son *Obiit*.

« Lesquelles furent faites et octroyées en l'an 1445 et 1446 et recehues par Gille Faury, notaire juré du Roi.

« Item est vrai que le dit Jehannot Bessolle, au temps que feu maître Rogier de Graveyroux

vivait, ledit Jehannot, pour certaines causes, bailla et délivra aux dits abbés et couvent LXXX francs d'or pour lesquels et autres choses, les dits abbés et couvent étaient tenus de faire chacun an un anniversaire pour le remède des âmes du dit Jehannot et de Marguerite de Piéson, jadis sa femme, que Dieu ait en garde et de tous les siens.

« Lesquelles lettres furent données l'an mil quatre cent quatre-vingt et un. »

Au-dessus de cette charte, il y a quatre figures de saints : saint Benoît et saint Léger, saint Blaise et saint Laurent.

Sur la face ouest du quatrième pilier, une peinture montre la Crucifixion et saint Georges terrassant le démon.

Ces peintures décoraient une chapelle qui a disparu. Elles sont très probablement contemporaines de la charte rapportée, ce qui permet de les attribuer à la fin du XVe siècle.

Les chapelles rayonnantes contiennent quelques sujets datant de la fin du XVIe siècle ou du XVIIe siècle : dans la chapelle de saint Eutrope, saint Léger en costume mérovingien, « Leodegarius » ; en face, saint Charles Borromée, facile à reconnaître à son costume traditionnel ; dans la chapelle de Notre-Dame du Rosaire, le Sacré-Cœur surmonté du monogramme I. H. S. et les symboles du Rosaire accompagnés d'un quatrain :

Le rosier du jardin flestrit
Quand le vent d'auster le moleste,
Mais votre rosaire céleste
Malgré tout vent toujours fleurit.

Dans la chapelle de saint Blaise, saint Léonard et sainte Catherine d'Alexandrie.

Vitraux

Il ne subsiste rien des verrières anciennes des fenêtres des chapelles absidiales. Les vitraux actuels datent de 1842. Ils sortent de l'atelier de Thibaud, peintre verrier à Clermont-Ferrand.

Les quatorze verrières du pourtour du chœur représentent la Vierge entourée des douze apôtres auxquels est joint saint Paul, apôtre des Gentils. Chaque verrière comprend trois parties : au centre, le personnage principal ; au-dessus un panneau représentant, en plus petit, un autre personnage ; au-dessous un médaillon décoratif.

En partant du côté de l'Epître :

1° Saint Jacques le Mineur ; dans le panneau : saint Jean-Baptiste.

2° Saint Philippe ; dans le panneau : saint Michel terrassant le démon.

3° Saint Thomas, avec la lance, instrument de

son martyre ; dans le panneau : saint Augustin et saint François de Sales.

4° Saint Jean l'Evangéliste ; dans le panneau : la Vierge sur un trône avec l'Enfant Jésus sur ses genoux, et deux anges adorateurs.

5° Saint Jacques le Majeur, tenant à la main son bourdon de pèlerin ; dans le panneau : saint Joachim et saint Joseph.

6° Saint Paul ; dans le panneau : Paul renversé sur le chemin de Damas.

7° Marie, reine des apôtres, et deux petits anges adorant le Sauveur ; au lieu d'un médaillon, il y a un panneau dans le bas, il représente l'Annonciation ; panneau du haut : Jésus meurt sur la Croix.

8° Saint Pierre ; dans le panneau : saint Pierre à la tête de plusieurs apôtres guérit le paralytique en disant à la porte du Temple : « Je n'ai ni or ni argent ; mais ce que j'ai, je te le donne ; au nom de Jésus, lève-toi et marche ! » (Actes des Apôtres.)

9° Saint André avec sa croix ; dans le panneau : saint Antoine et saint Benoît.

10° Saint Mathieu, l'Evangéliste, avec son attribut, l'homme ailé ; dans le panneau : sainte Anne qui, selon la tradition iconographique, fait lire dans un grand livre la Sainte Vierge encadrée de deux anges.

11° Saint Barthélemy avec le couteau qui servit à l'écorcher vif ; dans le panneau, saint Eutrope, patron de la paroisse de Saint-Léger, titulaire de l'église.

Saint Thaddé, avec la scie, instrument de son supplice ; dans le panneau, sainte Marthe domptant la tarasque.

13° Saint Simon ; dans le panneau, saint Louis, roi de France, vénérant la couronne d'épines qu'il tient dans ses mains enveloppées.

14° Saint Mathias avec la hache de son martyre ; dans le panneau, sainte Elisabeth de Hongrie distribuant ses aumônes.

Dans la chapelle Saint-Joseph, il y a deux autres verrières, plus récentes quoique d'un style plus ancien : 1° Joseph de l'Ancien Testament ; dans le panneau du bas, une scène de sa vie. 2° Saint Joseph ; avec, dans le panneau, la fuite en Egypte.

MOBILIER

Chasse de saint Léger.

Derrière l'autel est placée la châsse dans laquelle étaient enfermées autrefois les reliques de saint Léger. On peut l'attribuer au xve siècle, mais elle a subi, vers 1835, une réfection malheureuse.

STATUES.

Il subsiste encore quelques statues anciennes en bois :

Dans la chapelle de Notre-Dame de Pitié, une Pietà ;

Dans la chapelle du Rosaire : saint Antoine et sainte Catherine ;

Dans la chapelle du Sacré-Cœur : une Vierge à l'Enfant debout, et saint Joseph ;

Sur l'angle nord-est du transept, sainte Anne.

Les fonts baptismaux placés à droite en entrant sous la tribune sont modernes. Ils sont surmontés d'un bas-relief représentant le Baptême du Christ, œuvre du sculpteur Jean Coulon, originaire d'Ebreuil (1853-1923).

LA SACRISTIE

La sacristie a été construite au XVIIIe siècle ; elle ne présente aucun caractère architectural.

A l'intérieur se trouve le tableau sur lequel sont gravés les noms des enfants de la paroisse morts pour la France pendant la guerre 1914-1918.

L'HOPITAL

Sur l'emplacement du monastère a été construit, en 1766, un vaste bâtiment à deux étages consacré à un hôpital desservi par les Frères de la Charité de Saint-Jean de Dieu. Cet établissement, ruiné et en partie abandonné pendant la Révolution, a repris sa mission de bienfaisance, il sert à la fois d'hôpital et d'hospice.

Il a pu sauver quelques objets remontant à l'époque de sa fondation. Ceux-ci sont actuellement classés et mis ainsi à l'abri de toute destruction ou dispersion fâcheuses.

Faiences.

Sur les rayons de la pharmacie sont réunis des bocaux et cruches pour les tisanes et les remèdes, blancs à guirlandes de feuillage bleu, en faïence de Nevers.

A droite de la porte est installé un poêle, et à gauche une fontaine, les deux en faïence blanche marbrée de touches jaunes, vertes, bleues et violacées. Ils ont l'un et l'autre les mêmes formes et dimensions ; ils comprennent une base carrée de un mètre de hauteur environ, surmontée d'une colonne représentant un tronc de palmier avec son écorce autour duquel s'enroule gracieusement une branche de laurier et se termine par un épanouissement de l'arbre.

Au pied de la colonne du poêle, un groupe décoratif avec haut relief composé au centre d'une buire, à gauche d'un livre ouvert, derrière lequel est placé un faisceau de licteur ; à droite un drapeau. La décoration de la fontaine représente en haut relief une étole, un livre et des rouleaux de manuscrits. (M. H., 23 décembre 1918.)

Etains.

Il y a également quelques plats et vases en étain. (M. H., 23 décembre 1918.)

Dentelles.

Dans un meuble fait spécialement par les soins de l'administration des Beaux-Arts sont placées deux dentelles de grande valeur, très appréciées des connaisseurs. M. de Quirielle en a donné la description suivante :

« Deux aubes sont garnies de dentelles anciennes fort belles et très bien conservées. La première s'enrichit d'un « volant » en guipure de Venise, haut de 0m40, fin et décoratif (xviiie siècle, époque de la Régence). Mais c'est la seconde aube qui offre la plus opulente garniture, merveilleuse dentelle de cette « famille » flamande connue sous le nom de « beuche », d'où est issue l'actuelle dentelle de Bruges. Le morceau mesure 50 centimètres environ de hauteur. Il est de grande qualité, son décor charmant se compose de gerbes fleuries qui se mêlent à des rinceaux et à des volutes dans le goût de la Régence. » (M. H., 12 juillet 1907.)

Une légende qui ne repose sur aucun fait ni aucun texte, veut que ces dentelles aient orné la robe de mariage de la reine Marie Leczinska.

CROCODILE.

Un crocodile empaillé, suspendu au plafond de la galerie du rez-de-chaussée, est l'objet de la curiosité des visiteurs. Il est impossible de déterminer comment il se trouve dans l'établissement. On peut supposer qu'il a dû y être apporté par les Charitains.

BIBLIOGRAPHIE

Boudant : *Histoire de la ville, du château et de l'abbaye d'Ebreuil.* Moulins, 1864.

Quatrième excursion de la Société d'Emulation et des Beaux-Arts du Bourbonnais (19 juin 1902) à Ebreuil, Veauce, Vicq, Rochefort. (Bulletin de la Société d'émulation du Bourbonnais, 1902.)

Joseph Viple : *Ebreuil (Allier).* (Histoire générale des communes de France, 1907.)

Joseph Viple : *L'Eglise d'Ebreuil.* (Bulletin de la Société d'émulation du Bourbonnais, 1913.)

Ebreuil

André Rhein : *Ebreuil*. (Congrès archéologique de France, LXXXe session, tenue à Moulins et à Nevers en 1913.)

Joseph Viple : *L'Abbaye de Saint-Léger d'Ebreuil*. (Bulletin de la Société d'émulation du Bourbonnais, 1914-1919.)

IMPRIMÉ

PAR

CRÉPIN-LEBLOND

A MOULINS

www.ingramcontent.com/pod-product-compliance
Lightning Source LLC
LaVergne TN
LVHW052022160826
845678LV00003B/1175

* 9 7 8 2 3 2 9 6 4 2 2 3 9 *